Edict pour la vente, en
HEREDITE DES OFFICES
DE IAVLGEVRS ET MESVREVRS
de vins, & autres breuuages és lieux
& endroits de ce Royaume, où il
sera trouué necessaire.

A PARIS,

Chez IA MET & P. METTAYER
Imprimeurs & Libraires ordinaires du Roy.

M. DCII.
Auec priuilege de sa Majesté.

HENRY par la grace de Dieu, Roy de France & de Nauarre, à tous prefens & aduenir
falut. Par noftre Edict du mois de Feurier,
mil cinq cens quatre- vingts feize, voulant
apporter vne bonne reformation aux abus & defor-
dres qui fe commettoient à la vente des vins, cidres
bieres, verjus, vinaigres, huilles, & autres breuuages &
liqueurs en ceftuy noftre Royaume, par la malice ou
negligence des pourueus des Offices de Iaulgeurs
creez, tant en vertu des Edicts du feu Roy Henry fe-
cond, que Henry troifiefme, comme pareillement par
aucuns qui fe font trouuez commis par les communautez, Maires, Confuls, Efcheuins, Iurats, & autres
Magiftrats des villes de noftredict Royaume, à faire la
iaulge & mefurage des vaiffeaux efquels fe mettent
lefdicts vins & liqueurs. Nous aurions pour ces con-
fiderations & autres declarées par iceluy noftredict
Edict verifié, ou befoing a efté, fupprimé tous lefdicts
offices de Iaulgeurs & vifiteurs, à condition toutesfois de rembourfer les acquereurs & deuement pourueus defdicts offices, de la finance qu'ils auroiét pour
ce actuellement payée en nos parties cafuelles, pour
la compofition defdits offices. Et neantmoins par le
mefme Edict iugeans l'exercice defdits offices eftre
neceffaire pour le bien & vtilité de nos fubiects, nous
aurions creé, & de nouueau erigé iceux offices pour y
eftre par nous pourueu de perfonnes capables pour
en iouir par les pourueus aux droits & pouuoir y attribuez, & comme il eft declaré par noftredict Edict,
fuiuant lequel nos lettres de declaration & commif-
fion pour ce expediées, a efté par nous pourueu à vn
grand nombre defdicts offices, & iceux deliurez au
plus offrant par les Commiffaires à ce deputez, au

A ij

Reſſort de noſtre Cour des Aydes à Paris, ſuiuant les
Arreſts de noſtre Conſeil, inſtruction & forme à eux
preſcripte : Mais dautāt qu'à preſent il ſe recognoiſt
que ſur la vacation qui eſt depuis aduenue par mort
d'aucuns deſdits offices, il n'y a perſonne qui recerche
à s'en faire pouruoir, nõ plus que de prendre ceux qui
n'ont encor eſté leuez en nos parties caſuelles, à cauſe
du peu d'emolumēt d'iceux offices : meſmes des grāds
frais & deſpenſes qu'il leur conuiendroit faire à l'obtention d'iceux. Et par ce moyen les premiers abus
continuans nos ſubiects demeurent priuez du bien &
fruict de l'egalité & droicture des meſures que ceſt
eſtabliſſement leur deuoit apporter, au grand preiudice du bien public, & dont nous eſt iournellemēt faict
beaucoup de plainctes. A quoy eſtant tres-neceſſaire
de pouruoir, & voulans faire reſſentir à nos ſubiects
le ſoing que nous auons en tout ce qui regarde le faict
de la police & adminiſtration de la iuſtice. Nous auõs
aduiſé eſtre à propos de rendre hereditaires iceux
offices de Iaulgeurs, Meſureurs, & viſiteurs de tonneaux & barricques par nous, comme dict eſt, cy deuant creez, & iceux faire vendre à faculté de rachapt
perpetuel. Pour ces cauſes & autres bonnes conſiderations à ce nous mouuans, apres auoir mis ceſte
affaire en deliberation en noſtre Conſeil, de l'aduis d'i-
celuy, Auons par ceſtuy noſtre preſent Edict perpetuel & irreuocable, & de noſtre certaine ſcience, pleine puiſſance & authorité Royale, de nouueau ſupprimé & ſupprimons, tous & chacuns leſdicts offices de
Iaulgeurs, Viſiteurs & Meſureurs de tonneaux & barricques, pour iceux offices, auec les droicts, profits &
emolumens y attribuez, eſtre vendus en heredité à faculté de rachapt perpetuel : tout ainſi & en la meſme

forme qu'il a esté faict pour les Greffes des Tailles des parroisses, & ce par les Commissaires qui seront par nous à ce faire deputez, à la charge de rembourser, tant les anciens & noueaux pourueus desdicts offices, que les porteurs des quittances d'iceux, qui n'ont encores leurs lettres de prouision de la finance qu'ils monstreront auoir actuellement payée en nos parties casuelles auant qu'en pouuoir estre depossedez, auec les frais raisonnables pour l'obtention d'iceux, verification preallablement faicte par deuant qui il appartiendra, au prix que ladicte reuente s'en fera, & des premiers & plus clairs deniers d'icelle, pour estre les deniers qui reuiendront bons de ladicte vente en heredité, apres lesdits remboursemens faicts, employez à nos vrgentes affaires, & ainsi qu'il sera par nous ordonné. Si donnons en mandement à nos Amez & Feaux Conseillers les gens de nostre Cour des Aides à Paris, & à tous nos autres Iuges & Officiers qu'il appartiendra, que cestuy nostre present Edict ils facét lire, publier & enregistrer, garder, obseruer, & entretenir, selon sa forme & teneur, cessant & faisant cesser tous troubles & empeschemens au contraire. Car tel est nostre plaisir. Et afin que ce soit chose ferme & stable à tousiours, nous auons faict mettre nostre seel à cesdictes presentes données à Paris au mois de Nouébre, l'an de grace, mil six cens vn. Et de nostre regne le treziesme.

Signé   HENRY.

Et sur le reply,

    Par le ROY,   POTIER.

Et seellé de Cire verte, en lacs de soye rouge & verte.

Regiſtré en la Cour des Aydes, ouy ſurce le Procureur General
du Roy, à la charge que ceux qui ſont à preſent pourueus deſdicts
Offices de iaulgeurs, ne pourront eſtre contraints de financer, pour
l'heredité, ⁊ que les differēds qui interuiēdront en execution du
preſent Edict, circonſtances ⁊ dependances d'iceluy, ſeront trai-
ctez par deuant les Eſleus en premiere inſtance, ⁊ par appel en
ladicte Cour ⁊ non ailleurs, ſuiuant l'arreſt d'icelle, du iour-
d'huy à Paris, le vingt-neufieſme Ianuier, 1602.
Signé,   **BERNARD.**

ENRY par la grace de Dieu, Roy de France & de Nauarre. A nos amez & feaux Conſeillers, les gens de noſtre Cour des Aydes à Paris, Salut. Par noſtre Edict du mois de Feurier, mil cinq cens quatre-vingts ſeize, portant creation des offices de iaugeurs, Meſureurs & Viſiteurs de tonneaux & barriques, Nous auiós eſtimé par ceſte creation auoir deuément pourueu & remedié aux abus & deſordres qui ſe commettoient par l'inegalité des meſures, à la véte des Vins, Cidres, Bieres, Verjus, Vinaigres, huilles, & autres breuuages & liqueurs en ceſtuy noſtre Royaume. Mais ayāt depuis recogneu que ſur la vacatió aduenue par mort d'aucuns deſdits offices, il ne s'eſt preſenté perſonne qui ait recerché à s'en faire pourueoir, non plus que de prendre ceux qui n'ót encores eſté leuez en nos parties caſuelles, à cauſe du peu d'emolumét d'iceux offices, meſmes des grāds frais & deſpenſes qui leur conuiendroit faire, à l'obtention d'iceux : tellement que les premiers abus & deſordres continuans nos ſubiects, demeurent priuez du bien & fruict de l'egalité & droicture des meſures que ceſt eſtabliſſement leur a porté, au grād pre-

iudice & interest du bien public. Nous aurions pour
à ce pouruoir & faire resentir à nosdits subiects le
soing que nous auons de leur subuenir, en tout ce
qui regarde le faict de la police & administration de
la Iustice, par nostre Edict du mois de Nouébre, dernier supprimé de nouueau, tous & chacuns lesdicts
offices de Iaulgeurs, Visiteurs & Mesureurs de Tonneaux & Bariques à mettre Vins, Cidres, Bieres, Verjus, Vinaigres, Huiles & autres breuuages & liqueurs,
pour iceux offices, auec les droicts, profits & emolumens y attribuez par l'Edict de leur creation, estre vé-
dus en heredité à faculté de rachapt perpetuel, &
tout ainsi & en la mesme forme qu'a esté faict pour
les Greffes des Tailles des paroisses, & ce par les Cõ-
missaires qui seront à ce faire deputez. A la charge de
rembourser tant les anciens & nouueaux pourueuz
desdits offices, que les porteurs des quittãces d'iceux
qui n'ont encores leurs lettres de prouision de la finã-
ce qu'ils monstreront auoir payée en nos parties casuelles auãt qu'en pouuoir estre depossedez, & comme plus au lóg est declaré par iceluy nostredict Edict.
Mais au lieu de vous conformer à ceste nostre intention, vous auez par vostre Arrest du 14. Decembre
dernier, dit ne pouuoir entrer en la verification de
nostredict Edict, & supplié humblement de vous en
excuser, qui seroit si cela auoit lieu, priuer entieremét
nosdits subiects, du bien, vtilité & soulagement que
ceste reformation & ordre de police leur a porté. A
quoy voulant pouruoir, & apres auoir mis cest affaire en deliberation en nostre Conseil, de l'aduis d'iceluy & de nostre certaine science, pleine puissance &
authorité Royale. Nous vous mandons, ordonnons
& enioignons par ces presentes, signées de nostre

main , que ſans vous arreſter à voſtredict Arreſt du quatorzieſme Decembre dernier cy attaché , & aux cauſes & raiſons qui vous ont meu à le donner , & à toutes autres remonſtrances que pourriez deſirer ſur ce nous faire, que tenons pour toutes faictes, dictes & entendues, vous ayez toutes choſes poſtpoſées & difficultez ceſſantes, à proceder à la verification pure & ſimple de noſtredict Edict d'heredité deſdicts offices de Iaulgeurs, Viſiteurs & Meſureurs de Tonneaux & Barricques, à mettre Vins, Cidres, Bieres, Verjus, Vinaigres, Huilles & autres breuuages & liqueurs. Et aux charges & conditions , & comme il eſt plus au long declaré & ſpecifié par iceluy , ſans aucune choſe innouer , ny vſer d'aucune reſtrinction, ny modificatiõ, ſur tant que deſirez faire choſe qui nous ſoit agreable. Car tel eſt noſtre plaiſir. Nonobſtant, comme dict eſt, voſtredict Arreſt, les cauſes d'iceluy , & quelconques choſes contraires y derogeans. Meſmes quelconques oppoſitions, ou appellations faictes, ou à faire , pour leſquelles & ſans preiudice d'icelles , ne ſera par vous differé, ny retardé, nonobſtãt auſſi nos lettres de Cõmiſſion par vous n'agueres verifiées pour la reuente deſdits offices, que nous auons reuoqué & reuoquõs, enioignãs en outre à nos Aduocats, & Procureurs Generaulx, tenir la main à l'effect & execution & verification de noſtredit Edict, & de ceſdictes preſentes, & faire toutes requiſitions & pourſuites pour ce neceſſaires. Donné à Paris le ſeptieſme iour de Ianuier, l'an de grace, mil ſix cens deux. Et de noſtre regne le trezieſme.

   Signé   par le R o y,   F o r g e t.
Et ſeellé ſur ſimple queuë de cire iaulne.
Et à coſté   V i s a.

Regiſtré en la Cour des Aydes, Oy ſur ce le Procureur Gene-
ral du Roy, ſuiuant & aux charges portées par l'Arreſt d'icelle
du iourd'huy à Paris le vingt-neufieſme Ianuier, mil ſix cens
deux.

Signé,   **BERNARD.**

EXTRAICT DES REGISTRES
de la Cour des Aydes.

VEV par la Cour les Chambres aſſemblees, les lettres
patentes du Roy en forme d'Edict dónées à Paris au mois
de Nouembre, 1601. ſignées Henry, & ſur le reply, par
le Roy, Potier, & ſeellees de cire verte, en lacqs de ſoye rouge &
verte, par leſquelles pour les cauſes & conſiderations y contenuës,
ſa Majeſté de l'aduis de ſon Conſeil, auroit ſupprimé tous & cha-
cũs les Offices de Iaugeurs, Viſiteurs & meſureurs de tõneaux &
bariques, pour iceux offices, auec les droits, profits & emolumẽts y
attribuez, eſtre vendus en heredité & faculté de rachapt perpetuel, tout auſſi & en la meſme forme qu'il a eſté faict par les Greffes des Tailles des paroiſſes, & ce par les Commiſſaires qui ſeruent
à ce deputez, à la charge de rembourſer au fur que ladicte reuente
s'en fera, & auant que de pouuoir eſtre depoſſedez tant les anciens
que nouueaux pourueus deſdits Offices que les porteurs des quittances d'iceux qui n'auroient encore leurs lettres de prouiſion de
la finance qu'ils auoient payee actuellement auec les frais raiſon-
nables pour l'obtention deſdites lettres, pour les deniers reuenans
bons de ladicte reuente, eſtre employez aux vrgens affaires de ſa
Maieſté, comme il ſera par elle ordonné. Mandant à ladicte Cour
faire enregiſtrer, garder & obſeruer ledit Edict, ainſi qu'il eſt plus
au long porté par iceluy arreſt de ladicte Cour du 14. Decembre
audit an, par lequel elle auroit dit ne pouuoir entrer à la verifica-

tion defdites lettres d'Edict, & fupplioit tref-expreffément le Roy
l'en excufer. Autres lettres patentes de fa Maiefté en forme de
iuffiõ, dõnées à Paris le 7. Ianuier, 1602. fignées par le Roy, Forget,
& feellees fur fimple queue de cire iaulne, par lefquelles fadicte
Maiefte mande & enioint à ladicte Cour que fans s'arrefter audit
Arreft, toutes chofes poftpofees & difficultez ceffantes, elle aye à
proceder à ladite verification pure & fimple dudit Edict, les Conclufions du Procureur General du Roy, & tout confideré. La Cour
ordonne que lefdites lettres en forme d'Edict, enfemble lefdites lettres de iuffion, feront enregiftrees au greffe d'icelle, à la charge
que ceux qui font à prefent pourueus defdits Offices de Iaulgeurs,
ne pourront eftre contraincts de financer pour l'heredité, & que les
differends qui interuiendront en l'execution dudit Edict, circonftances & dependances d'iceluy, feront traictez pardeuant les
Efleuz en premiere inftance & par appel en ladicte Cour & non
ailleurs. Prononcé à Paris en ladicte Cour des Aydes, le 29. iour
de Ianuier l'an 1602.

Ainfi figné,   BERNARD

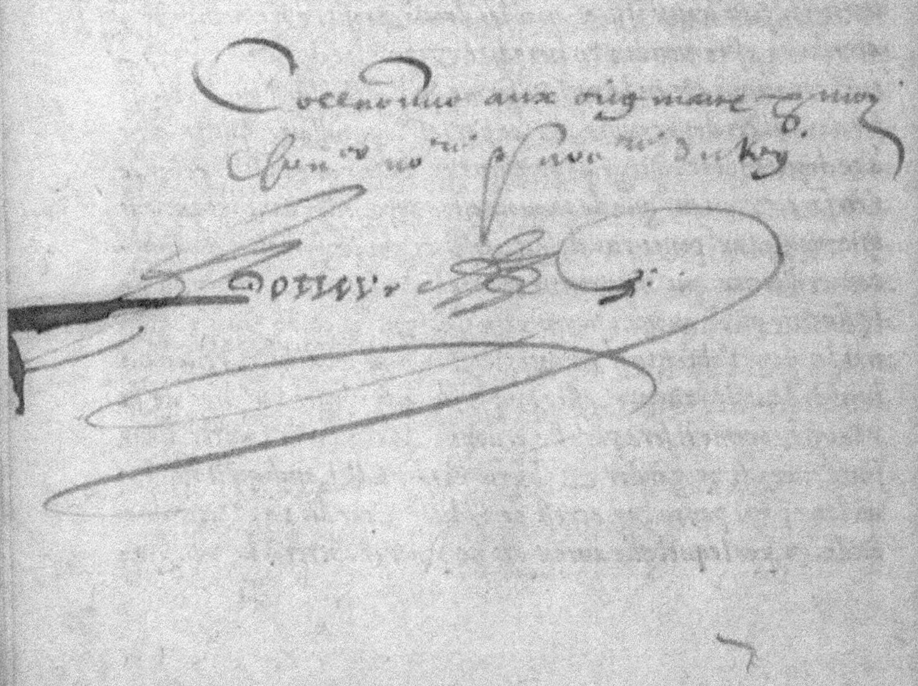

Edict de la Creation des

Offices de Iaulgeurs & mesureurs de
vins, & autres breuuages és lieux &
endroicts où il sera trouué
necessaire.

ENRY par la grace de Dieu Roy de Frā-ce & de Nauarre A tous presens & à ve-nir, salut Encores que tous noz prede-cesseurs Roys se soient efforcez de faire garder sur tout les Loix de la Police, & plus exa-ctement que les autres, celles qui concernoient ce qui estoit plus necessaire pour le commun vsage de la vie de l'homme, si est-ce que depuis nostre aduenement à la Couronne seulement plein de troubles, comme chacun sçait, le desordre y a con-tinué sans y auoir peu iusques à ce iour estre appor-té remede, & y augmente le mal encores tous les iours: de telle sorte que s'il n'y est promptement pourueu, il est à craindre vne grande confusion en l'obseruation de ladite police, où l'abus & mal-uersation pullule de iour à autre, & principalemēt en ce qui concerne la marchandise subiecte aux poids & mesures, cōme de Vins, Vinaigres, Cidres, Bieres, Huiles & autres de ceste qualité: en la ven-te desquels il se trouue auiourd'huy vne telle cōfu-sion, que tel qui estime auoir achepté dix muids de vin, ou autres breuuages, y trouue vne grande

diminution, & comme tel abus n'ait prins comme-
cement de ce iour. Le feu Roy Henry deuxiefme
par fon Edict du mois d'Octobre, mil cinq cens

Et le Roy dernier decedé noftre tres-honoré
Seigneur & frere, par autre Edict du mois d'Auril
mil cinq cens foixante & dixhuict, y auoient vou-
lu apporter remede par la creation & eftabliffemét
de plufieurs Offices de Mefureurs, Iaugeurs de vins
& breuuages eftans en muids, pippes, bariques, &
autres vaiffeaux, par l'eftabliffement defquels ils
eftimoient bien y auoir apporté tout le remede
qu'on y pouuoit defirer. Mais au lieu de voir fortir
quelque effect de fes bonnes intentions, la conni-
uence d'aucuns Iuges politiques, & la negligence
d'aucuns Officiers, auec l'impunité de ceux qui a-
uoient l'intendance defdites polices, qui fe font e-
ftudiez à prendre le profit qu'ils en ont peu tirer, à
caufe que la mefme maluerfation qui a efté cy deuant, a pullulé, & pullule encores plus que iamais,
en ce qu'il ne fe trouue aucunes pieces iaugees,
marquees, ny efchantillonnees, ny aucun qui s'en-
tremette de ce faire. Tellement que la creation de
tels Offices a peu ou point feruy pour le peu d'e-
molument que l'on auoit attribué à ceux qui e-
ftoient pourueus defdits Offices. Auffi que les
Magiftrats & premiers Iuges de la police, Pre-
uofts, Efcheuins, Capitoux, Iurats, Confuls & autres Officiers defdites villes, fe font entremis de
pourueoir à telles charges & Offices, & en ont di'-
pofe comme bon leur a femblé, la plufpart defquels officiers, dautant qu'ils ne nous auoient fait
aucun ferment, n'ont eu crainte d'enfreindre & de
contreuenir à nos Ordonnances, lefquelles par le

laps d'vne si grande tolerance qui s'est tousiours glissee en s'augmentant, se trouuent quasi aneanties & demeurees comme abolies, pour le regard des Mesures & Iaulgeages de vins, d'où s'est ensuiuy qu'vn seul muid, pippe ou autre vaisseau, ne se peult auiourd'huy trouuer approchãt d'vn septier de la mesure qu'il deuroit cõtenir. A quoy voulans pouruecoir, & sur la Requeste à nous presêtee par les plus apparens Marchans de vins de nostre bonne ville de Paris. SÇAVOIR FAISONS; Que desirans soulager nos subiects, les releuer des grandes pertes qu'ils en portent, & apporter vn meilleur ordre pour l'aduenir, cognoissant qu'vne partie de la faulte & abus prouient de ceux qui se sont entremis esdits estats de Iaugeurs, pourueus de l'auctorité des Magistrats & Officiers des villes, & que les autres pourueus en tiltre d'Offices ont trouué si peu d'emolument esdites charges qu'ils les ont negligees du tout. APRES auoir mis cest affaire en deliberation, & que par l'aduis de nostre Conseil, il ne s'est trouué meilleur remede que de supprimer tous lesdits Iaugeurs & mesureurs de tonneaux, pippes, bariques, & autres vaisseaux, en les rembourstant de la finance qui se trouuera auoir esté par eux payee en nos parties casuelles, sans fraude ou desguisemét, & proceder à nouuel establissement d'autres qui seront mieux appointez. POVR ces causes, & autres bonnes & iustes considerations à ce nous mouuans. Auons de l'aduis de nostre Conseil, & par cestuy nostre Edict perpetuel & irreuocable supprimé, & de nostre pleine puissance & authorité Royale supprimons tous lesdits Offices de Mesureurs, Visiteurs,

& Iaulgeurs, en toutes les villes & endroicts de noſtre Royaume, ſoit qu'ils ſoient pourueus de nous & de nos predeceſſeurs, ou deſdits Eſcheuins, Maires, Iurats, Capitoux, & autres Magiſtrats, à condition dudit rembourſement de ce qui aura eſté payé ſans fraude en nos parties caſuelles, ſi mieux leſdits pourueus par nous n'aiment ſuppleer le prix de la taxe, leur defendant treſ-expreſſément d'eux immiſcer eſdites charges de Iaulgeurs, Viſiteurs & Meſureurs à peine de faux, & d'amende arbitraire, & pour les meſmes cauſes que deſſus. Auons de nouueau creé, & erigé, creons, & erigeons en Offices formez leſdits eſtats de Iaulgeurs & Meſureurs de vins, & vaiſſeaux où ſe mettent, vendent, & debitent toutes ſortes de breuuages, pour y eſtre par nous ſeulement, & non par autres pourueu tant à preſent qu'à l'aduenir, quand vacatió y eſcherra és lieux & endroicts où il ſera trouué neceſſaire & plus commode pour l'vtilité de nos ſubiects, & ſelon le departement qui en ſera faict en noſtre Conſeil, pour eſtre par leſdits Iaulgeurs & Meſureurs ; marquez les vaiſſeaux & futailles, de pippes, muids, tóneaux bariques, & autres, ſoiét qu'elles ſoient réplies de vins ou autres breuuages, ou qu'elles ſe trouuent vuides en boutiques de Marchands, leſquels Iaulgeurs, aurót & prendrót pour chacun muid douze deniers tournois, & pour chacũ eſchantilló qu'ils bailleront aux Tonneliers cinq ſols, & pour chacune barique vuide ſix deniers ſeulemét. Et parce que noſtre intention n'eſt point tant de tirer ſecours en nos affaires de la Finance qui pourra prouenir de la vente des Offices, comme d'oſter &

corriger vn tel & si grand abus. N o v s voulons
que tous Tonneliers, auant que faire leurs fustailles neufues ou vieilles, soient tenus prendre du
Iaulgeur du lieu où ils seront demeurans, eschantillon, selon l'ancienne iaulge dudit lieu, qui sera
marqué de sa marque: lequel en leur baillant les
aduertira du iable que les vaisseaux doiuent auoir,
chacun selon qu'ils seront grands ou petits:les-
quels Tonneliers ne pourront besongner autre-
ment, tellement que les fustailles par eux faictes
ne se trouuans de iaulge, bouge & jable raisonna-
ble,elles seront confisquees, & le Tonnelier condamné en l'amende. Et dautant que plusieurs se
pourroient trouuer pourueus desdits Offices par
lettres qu'ils en ont de nous ou de nos predeces-
seurs.Nous n'entendons qu'ils soient depossedez,
mais qu'ils soient tenus de payer le suppleement
de la finance,pour l'augmentation du droict qu'ils
prendront pour chacune piece qu'ils iaulgeront,
qui ne leur estoit anciennement que de cinq deniers,lequel nous leur auons augmenté iusques à
douze deniers,selon la taxe qui en sera faicte en
nostre Conseil. Et parce que les Tonneliers,pour
frauder le Iaugeur deson droict ne voudroiét pos-
sible aller prendre de luy eschantillon ou bouge,
Nous voulons que lesdits iaulgeurs puissent aller
és maisons desdits Tonneliers,où se feront fustailles pour les visiter si exactement qu'il ne s'en puis-
se ensuiure aucun abus, à peine de s'en prendre à
eux en leur propre & priué nom. Et à ce que cela
ne passe soubs silence, & que l'on cognoisse d'où
viendra la faulte & abus. N o v s defendons à
toutes personnes de quelque qualité & condition

qu'ils soient, de vendre, ou achepter vins ou autres breuuages, sinon à la charge de la iaulge, & qu'ils ne soient iaulgez à la iaulge du pays selon la qualité des vaisseaux, & marquez de la marque du Iaugeur, & de l'annee, à peine de cinq escuts d'amende. Seront pareillement tenus tous Courretiers, faisans vendre vins, Cidres, & autres breuuages, d'aduertir les marchands qu'ils meneront, de la iaulge, & faire iauger les vaisseaux, & iceux marquer auant que les faire enleuer, sur peine de pareille amende de cinq escus, & d'estre tenus du dechet & default en leurs propres & priuez noms. SI DONNONS EN MANDEMENT à nos amez & feaux Conseillers les gens tenans nostre Cour des Aydes, Presidens, Lieutenans, & Esleuz, & à tous nos autres Iusticiers, & Officiers qu'il appartiendra, que cestuy nostre present Edict ils facent lire, publier, & enregistrer, garder, obseruer, & entretenir selon sa forme & teneur, cessans, & faisans cesser tous troubles & empeschemens au cótraire. Car tel est nostre plaisir. Et à fin que ce soit chose ferme & stable à tousiours, nous auons faict mettre nostre seel à cesdictes presentes. DONNE à Folembray au mois de Feurier, l'an de grace mil cinq cens quatre vingts seize. Et de nostre regne le septiesme.

Signé, **HENRY.**

Et à costé, **VISA.**
Et plus bas. Par le Roy estant en son Conseil,
FORGET.

Et scellé du grand seau de cire verte en lacs de soye rouge & verte.

Leuës publiees & registrees en la Cour des Aydes, ouy sur ce le Procureur General du Roy, suiuant & aux charges contenuës en l'Arrest du iourd'huy. A Paris, le 15. iour de Mars, 1596.

Signé,   PONCET.

EXTRAICT DES REGISTRES
de la Cour des Aydes.

VEV par la Cour les Chambres assemblees les lettres patentes du Roy en forme d'Edict, donnees à Follebray au mois de Feurier dernier, signees sur le reply, par le Roy estant en son Conseil, Forget, auec vn paraphe, & seellees du grand seau en cire verte. Par lesquelles sa Majesté pour les causes & considerations à plain mentionnees en icelles, auroit supprimé tous les offices de Mesureurs, Visiteurs & Iaulgeurs de vins & breuuages, estans en muids, pippes, bariques & autres vaisseaux, en toutes les villes & endroits de ce Royaume, soiet qu'ils pourueus de par sa Majesté, ou des Rois, predecesseurs, ou des Escheuins, Maires, Iurats, Capitoulx & autres Magistrats, à condition de les rembourser de la finance qui se trouueroit auoir esté par eux payee és parties casuelles, sans fraude ou deguisement. Et de nouueau auroit creé & erigé en offices formez lesdits estats de Iaulgeurs & mesureurs de vins, & vaisseaux ou se mettent, vendent, & debitent toutes sortes de breuuages, pour y estre par ledit Seigneur Roy & non par autres pourueu, tant à present qu'à l'aduenir quant vaccation y escherra, és lieux ou endroicts ou il sera trouué necessaire, & plus commode pour l'vtilité de ses subiets, & selon le departement qui en seroit faict en son Conseil, pour estre par lesdits Iaulgeurs & Mesureurs marquez les vaisseaux & fustailles, de pippes, muids, tonneaux, bariques & autres, soit qu'el-

C

les soient remplies de vins ou autres breuuages, ou qu'elles se trouuent vuides en boutiques des marchands. Et pour cest effect leur
auroit attribué droict de prendre pour chacun muid douze deniers
tournois, & pour chacun eschantillon qu'ils bailleront aux Tonneliers cinq sols, & pour chacune baricque six deniers seulement.
Voulant que tous Tonneliers auant que faire leurs fustailles neufues ou vieilles, soient tenus de prendre du Jaugeur du lieu où ils
sont demourants, eschentillon selon l'ancienne iaulge dudit lieu,
qui sera marqué de sa marque, sans qu'ils puissent besongner autre-
ment, & seront aduertis du iable que les vaisseaux doiuent auoir:
Et aduenant qu'il se trouuast des fustailles par eux faictes qui ne
seroient de iaulge, bouge & iable raisonnables, seront confisquez,
& le Tonnelier condamné en l'amende. N'entendant neantmoins
sa Majesté que ceux desdits Iaugeurs & Mesureurs qui se trouueront pourueus desdites Offices par ses lettres, ou de ses predecesseurs
Rois, qu'ils soient depossedez, ains seulement tenus payer le supplement de la finance dudit droict de douze deniers pour chacune
piece qu'ils iaulgeront, au lieu de cinq deniers d'ancienne attribution, selon la taxe qui en sera faicte en sondict Conseil. Et pour euiter aux abus & contrauentions qui se pourroient faire audit Edict
veult que lesdits iaulgeurs puissent aller és maisons desdits Tonneliers, pour visiter les fustailles qui s'y seront: Et que tous Coure-
tiers faisans vendre vin, cidre, & autres breuuages, seront tenus
d'aduertir les marchands de la iaulge, faire iauger les vaisseaux
& iceux marquer auant que les faire enleuer, sur peine de cinq
escus d'amende, & d'estre tenus du deschet & deffault en leur
propre & priué nom. Faisant deffences a toutes personnes de quelque qualité & condition qu'ils soient, de vendre & achepter
Vins & autres breuuages, sinon à la charge de la iaulge, &
qu'il ne soit iaulgé à la iaulge du pays, selon la qualité des vaisseaux, & marquez de la marque du iaulgeur, & de l'annee, à
peine de cinq escus d'amende. Les conclusions du Procureur
general du Roy, & tout consideré. LA COVR a ordonné &

ordonne que lesdites lettres seront leuës , publiees & enregistrees
au greffe de ladite Cour. A la charge que les deniers qui en pro-
uiendront seront employez au payement de ce qui est deu aux pour-
noyeurs dudit Seigneur Roy, & que ceux qui se trouueront pour-
ueus desdites lettres par ces lettres de prouision, ou des predecesseurs
Rois, ne pourront estre depossedez, sinon en les remboursant de la fi-
nance qu'ils se trouueront auoir payé aux parties casuelles sans frau-
de & desguisement. Et que ceux qui seront cy-apres pourueus des-
dits offices nouuellement ou par resignation, feront le serment en
tel cas requis & accoustumé, pardeuant les Esleus , & que les
differends & procez qui pourront venir en consequence dudit E-
dict, se traicteront en premiere instance pardeuant lesdits Esleus,
& par appel en ladicte Cour. Prononcé le quinziesme Mars, mil
cinq cents quatre vingts & seize.

Signé   P O N C E T.

ENRY par la grace de Dieu Roy de France,
& de Nauarre: A tous ceux qui ces presentes lettres verront, Salut. Voulant pour le
bien & soulagement de noz pauures subiects, apporter vne bonne reformation sur les abus &
desordres qui se commettent à la vente des Vins, Cidres, Bieres, Vinaigres, Verjus, Huyles, & autre sem-
blable qualité, & recognoissant que cela prouenoit
par la negligence des personnes commises tant par
nous, que noz predecesseurs, ou plustost par les Maire
Consuls, Escheuins, Iurats, Capitoux, & autres Magistrats des villes de nostre Royaume, au faict du Iaul-
geage & mesurage des vaisseaux esquels se mettent lesdicts breuuages, mesprisant lesdictes charges pour le
peu de droict qui leur sont attribuez: Nous aurions
par nostre Edict du present mois de Feurier & an, &
pour les causes à plain contenues en iceluy, supprimé

rous lefdicts Offices de Mefureurs:Iaulgeurs, & Vifiteurs, à condition de remboursement de la finance
qu'ils auroient payee actuellement & fans fraude en
noz parties cafuelles, pour lefdits offices. Et neantmoins par le mefme Edict, creé, erigé, & eftably de
nouueau iceux offices pour y eftre par nous, & non
autre, dorefnauant pouruçu de perfonnes capables
aux lieux & endroicts qui feroient trouuez neceffaires
& plus commodes pour l'vtilité de noz fubiects, felon
le departement qui en feroit fait en noftre Confeil,
ayans attribué aufdicts Iaulgeurs quelque augmentation de droicts , pour leur donner plus d'occafion
de s'acquiter fidelement defdictes charges : Voulant
neantmoins que ceux qui en eftoient pouruçuz
de nous ou noz predeceffeurs Roys y fuffent
maintenus & conferuez, en payant par eux pour ladite augmentation de droicts, le fupplément de la finã-
ce à laquelle ils feroient taxez en noftredict Confeil,
où toutesfois il nous eft tres-difficile de cognoiftre tãt
la valeur dudict fupplément, que reigler les lieux
& endroits où fe doiuent eftablir lefdicts offices de
Iaulgeurs & Mefureurs:Ce qui fe pourroit mieux faire par quelques perfonnes d'authorité,eftans ou tranf-
portans fur les lieux. A CES CAVSES, de l'aduis de
noftre Confeil,Nous auons dit & declaré, difons &
declarons,voulons & nous plaift, que le departement
des lieux où fe deuront eftablir iceulx Iaulgeurs &
Mefureurs,& de leur eftenduë fe fera par les Commiffaires qui feront cy apres par nous commis & deputez à ceft effect, lefquels procederont pareillement
tant à la taxe defdicts offices , aufquels fera de nouueau par nous pouruçuz,que du fupplément pour ladicte augmentation de droicts , que feront tenus fai-

re ceux qui le ſont deſia. Et ſeront les deniers deſdi-
ctes taxes que nous auons vallidees & ,vallidons par
ces preſentes,comme ſi elles eſtoient faictes en noſtre
Conſeil,payez és mains du Treſorier de noſdictes parties caſuelles, ou des porteurs de ſes quittances,eſtans
pres deſdicts Commiſſaires ; A faute de payement duquel ſupplément , & de prendre nouuelles prouiſions
dedans le temps qui leur ſera ordonné par iceux Com-
miſſaires.Nous voulons qu'ils ſoient par eux depoſſedez & priuez de la grace que nous leur auons faicte,
& eſtre pourueu en leur lieu auſdicts offices , ceux qui
payeront la finance ,à laquelle ils ſeront de nouueau
taxez, & en defaut de ce, commis perſonnes capables
pour les exercer. Et afin que leſdicts Meſureurs &
Iaulgeurs puiſſent plus ſoigneuſement vacquer & ſa-
tisfaire au deu de leur charge,ſans eſtre deſtournez &
diuertis à autres, & que noſdicts ſubiects en reçoiuēt
le fruict que nous eſperons:Nous les auons exempté
& exemptons tant des CommiſſionsRoyales,que des
communautez,comme de Meſſiers, Aſſeeurs Collecteurs des Tailles, & autres, eſquels ils ne pourront
eſtre eſtablis,ſinon de leur gré &conſentement:& dõt
nous les auons deſchargez & deſchargeons par ceſ-
dites preſentes , leſquellles nous mandons à noz
amez & feaux Conſeillers les gens tenans noſtre
Cour des Cydes à Paris, verifier & enregiſtrer, &
& de tout le contenu en icelles faire iouir les deſſuſ-
dicts,ſans qu'il l y ſoit contreuenu en aucune maniere.
Car tel eſt noſtre plaiſir , nonobſtant quelsconques
Ordonnances,Mandemens, deffences,reiglemens, E-
dicts & lettres a ce contraires,auſquelles, & aux dero-
gatoires d'icelles,Nous auons derogé & derogeons
par ceſdictes preſentes.En teſmoin de ce nous auons

faict mettre & appoſer noſtre ſeel à icelles.

Donné à Paris le dernier iour de Feurier, l'an du grace mil cinq cens quatre vingts ſeize. Et de noſtre regne le ſeptieſme.

Par le Roy en ſon Conſeil:
L'HVILLIER.

Et ſcelé du grand ſeau de cire iaune ſur ſimple queuë.

Regiſtrees en la Cour des Aydes, ouy ſur ce le Procureur general du Roy, pour iouyr par leſdicts Iaulgeurs & Meſureurs des exemptions portees par les preſentes, à la charge que lesdeniers qui prouuendront pour la compoſition deſdits Offices ſeront employez en l'acquit de ce qui eſt deu aux pouruoyeurs de la maiſon du Roy, & non ailleurs, ſuiuant l'Arreſt de ladicte Cour du iourd'huy. A Paris le neufieſme iour d'Auril, mil cinq cens quatre vingts ſeize.

Signé,   DV PVY

Par Ordonnance de la Cour.

EXTRAICT DES REGISTRES
de la Cour des Aydes.

EV par la Cour les lettres Patentes du Roy, en forme de Declaration, donnees à Paris, le dernier iour de Feurier, mil cinq cents quatre-vingts & ſeize, ſignees ſur le reply, par le Roy, en ſon Conſeil, L'huillier, & ſcellees ſur double queuë de cire iaulne. Par leſquelles pour les cauſes y contenuës. Ledit Seigneur dict, declare, veult, & luy

plaist que les departemens des lieux où se doiuent establir les iaulgeurs & mesureurs de Vins, Cidres, Bieres, Vinaigres, Verjus,
Huilles, & autres semblables qualitez & de leur estenduë, se sera par les commissaires qui seront cy-apres commis & deputez à
cest effect par ledit Seigneur, & qu'ils procederont pareillement,
tant à la taxe desdits Offices ausquelles sera de nouueau pourueu
par iceluy Seigneur Roy, que du supplement pour l'augmentation
des droicts à eux attribuez, que seront tenus faire ceux qui le sont
desia, & seront les deniers desdites taxes que ledict Seigneur a va-
lidé & vallide par lesdites lettres, comme si elles estoient faictes en
sondit Conseil, payez és mains des Thresorier des parties casuelles,
ou des porteurs de ses quittances estans prés desdits Commissaire,
à faute de payemēt, à faute duquel supplemēt & de prēdre nouuelles prouisions dedans le temps qui leur sera ordōné par iceux Cō-
missaires. Ledit Seigneur veule qu'ils soiēt par eux depossedez &
estre pourueu en leur lieu ausdits Offices ceux qui payerōt la fināce
à laquelle ils seront de nouueau taxez. Et afin que lesdits Mesureurs & Iaulgeurs puissent plus s ngneusemēt vacquer & satis-
faire au deu de leur charge. Ledit Seigneur les exēpte tant des cō-
missiōs Royalles que des cōmunautez, cōme de Messiers, Asseurs,
Collecteurs des Tailles & autres, esquels ils ne pourront estre establis, ainsi que plus au long est porté par lesdites lettres, Conclusions
du Procureur General du Roy, & tout consideré. LA COVR
a ordonné & ordonne que lesdites lettres seront enregistrees au
Greffe de ladicte Cour, pour iouyr par lesdits Iaulgeurs & Mesureurs, des exemptions portees par lesdites lettres. A la charge que
les deniers qui prouiendront pour la composition desdits Offices seront employez en l'acquiēt de ce qui est deü aux Fouruoyeurs de la
maison du Roy, & non ailleurs. Prononcé le 9. iour d'Auril, 1596.

Signé   DV PVY.

Par ordonnance de la Cour.

Lettres patentes du Roy,

portans confirmation de ses precedentes des 24. Iuin, & 12. d'Aoust, & establissement des Estats & Offices de Iaulgeurs & Visiteurs de vin, vaisseaux, & toutes autres liqueurs, par toutes les villes, bourgs, & parroisse de son Royaume.

ENRY par la grace de Dieu Roy de Frãce & de Nauarre. A noz amez & feaux Conseillers, les gens tenans nostre Cour des Aydes à Paris, Salut. Par nostre Edict du mois de Feurier, mil cinq cens quatre vingts seize, par vous verifié, contenant le reglemét & reformatió des vaisseaux à mettre vin, bieres, cidres, & toutes autres liqueurs Nous aurions pour l'execution d'iceluy, creé & erigé en chacune ville, bourgs, parroisses, & lieux necessaires en nostre Royaume, l'estat & office de Iaulgeur desdicts vin, vaisseaux & liqueurs susdicts, pour y estre par nous & non par autres pourueu, vacation aduenant, sur les deniers prouenans de la composition desquels offices, ayant assigné Gilles du Buy, & Iean Perou, marchands Pouruoieurs de nostre maison, pour le payement & remboursement des grandes aduances & fournitures par eux faictes, ils auroient auec grands fraiz & despenses pour suiuy par toutes les Eslectiós l'establissemét & execution dudict Edict, mais ils auroient esté du tout empeschez par les

opposi-

oppofitions de plufieurs Euefques,Communautez
des villes , pretendant le droict defdicts offices en
potronnages,par noz predeceffeurs,&encores par
les empefchemens formez par lesmarchãs, Vigne-
rons, Toneliers, & autres de pareille qualité, qui
s'aidans de l'auctorité defdits Euefques , fe feroiét
promis par lógueur du téps &trauail de procez,re-
culer l'executió dudit Edict,& le rédre à neãt,& ce
pendant faire iouir ceux commis efdicts offices,
par lefdicts Euefques & Communautez defdictes
villes,pour leurs profits particuliers,au grand preiudice defdicts Pouruoieurs. Sur les remonftran-
ces defquels de ce que deffus, pour euiter à diuer-
fité de iugemens, & retrãcher toutes longueurs &
inuolutions de procez,par arreft de noftre Confeil
donné au mois de Ianuier dernier , vous aurions
renuoié la cognoiffance de tous & chacuns les differends meuz & à mouuoir, pour raifon de l'execution dudict Edict , circonftances & dependances en toutes parties , pour eftre par vous reiglez,
& leur faire droict, comme de raifon:Et a cefte fin
interdict à tous autres Iuges d'en cognoiftre. Et
d'autant que nos vouloir& intentió font a prefent
comme ils ont cy-deuant efté, l'Edict fortit fon
plain & entier effect. De l'aduis de noftre Confeil
vous mandons, ordonnons, & tref-expreffement
enioignons , que conformement à noftredict E-
dict,& verification par vous faictes d'iceluy, vous
aiez à faire eftablir par toutes & chacunes les villes , bourgs , parroiffes , & lieux neceffaires, lefdicts Offices de Iaulgeurs & Vifiteurs defdicts
vins,breuuages,liqueurs,& vaiffeaux fufdicts , fai-
fant iouir plainement & paifiblement ceux qui

D

en seront par nous pourueuz, en vertu de leurs lettres de prouision, sans permettre ny souffrir y estre
troublez ou empeschez en aucune sorte & maniere, contraignant y obeir, & le souffrir lesdicts E-
uesques, Communautez des villes, marchands, Tō-
nelliers, & tous autres indifferemment nonobstant leurs empeschemens & oppositiōs, & droicts
par eux pretendus : ausquels ne voulons qu'aiez
aucun esgard, & qu'ils puissent preiudicier à l'establissement desdicts offices par nous creez par nostredict Edict. Et ou il ne se trouueroit presentement personne pour se faire pouruoir en tiltre desdicts offices, Nous voulons & entendons bons &
suffisans Commissaires estre par vous establis, pour
suiuant l'Arrest donné en pareil cas, pour la genera-
lité de Normandie, exercer lesdicts offices esdi-
ctes villes, bourgs, paroisses, & lieux necessaires,
iouir & vser d'iceux, à l'instat des fermiers, des
huict, & vingtiesme, & autres fermes, aller és caues, celiers, maisons, & vaisseaux, par mer & riuie
res, iaulger, visiter, marquer lesdicts vins, vaiseaux
& toutes autres liqueurs, tant plains , que vuides
autant de fois qu'ilz se vendront, & changeront
de mains ; auec defences à tous marchands de ne
vendre ne achepter, sinon aux conditions de ladicte iaulge, & sur les peines y contenuës : & a tous
Gourmets & Tonneliers en aduertir lesdicts mar-
chāds de n'enleuer iceux, au preallable ladite iaulge, & en paier les droicts y mentionnez, apres qu'il
seront enleuez hors lesdictes caues & celiers, à la
charge aussi de faire par lesdicts iaulgeurs, leur de-
uoir de marquer le defaut, ou le plus desdicts vaisseaux, à ce que nosdicts subiects se ressentent : Car

tel est nostre plasir. De ce faire vous donnons tout
pouuoir, auctorité, commission, & mandement
special, nonobstant tous Edicts, Ordonnances, Mã-
dements, defenses & Lettres à ce contraires, aufquels, & à la derogatoire de leurderogatoire, nous
auons derogé & derogeons. Donné à Paris le 24.
iour du mois de Iuin, l'an de grace mil cinq cens
quatre vingts dix-huict. Et de nostre regne le neu-
fiesme, Signé par le Roy en son Cõseil, LE BOSSV.
Et seellee sur simple queuë de cire iaulne, du
grand seel.

HENRY par la grace de DIEV Roy de Frãce & de Nauarre. A nos amez & feaux
Conseillers, les gens tenans nostre Cour
Aydes à Paris, Salut. Pour rembourser les
marchands Pouruoieurs de nostre maison des grã-
des sommes de deniers àeux deuës, pour aduances
des fournitures, tant ànous, durant ces guerres, que
du viuant du feu Roy, nous aurions de l'aduis, bõ-
nes mœurs, deliberation de nostre Conseil, par
nostre Edict du mois de Feurier, cinq cens quatre
vingts seize, restably l'Edict des Iaulgeurs, Mesureurs, Visiteurs de vaisseaux à mettre vin,
biere, cidres, & toutes autres liqueurs, vtiles & ne
cessaires, & par vous bien & deuëment verifie, &
pour retrancher tous empechemens, oppositions,
appellations dont pourroit ensuiure diuersité de
iugements & arrests, vous auons renuoié l'execution, & d'iceluy attribué la cognoissance, icelle in-
terdite à tous autres Iuges, en consequence desquels renuoy & attribution, vous aurions fait ex-
pedier autres Patentes du vingt-quatriesme Iuin

dernier, qui vous ont aſſez teſmoigné quels eſtoiét
noſtre vouloir & intention ſur le reſtabliſſement
dudit Ediĉt, par la vente deſdits Eſtats, & nous ac-
quitter & deſcharger d'autant vers leſdiĉts marchans Pouruoieurs, deſdiĉtes ſommes à eux deuës,
& dont nous ſommes iournellement pourſui-
uis, pour les auoir aſſignez ſur la finance proue-
nant d'iceux offices. Toutéfois au lieu de vous
conformer à noſtre volonté, & nous aſſiſter en
ceſte affaire, qui ne tourne qu'à noſtre acquit,
encores que noſtre Procureur general y euſt
preſté ſon conſentement, & conſent y la verification, vous auez par voſtre arreſt du trenieſme
Iuillet dernier, declaré ne pouuoir entrer à la verification deſdiĉtes lettres, qui a donné nouueau
ſubieĉt auſdiĉts marchands Pouruoieurs, venir à
nouuelles plainĉtes, demander nouuelles aſſigna-
tions, & differer les fournitures ordinaires, au
grand preiudice de noſtre ſeruiĉe. A CES CAVSES,
voulans noſtrediĉt Ediĉt ſortir ſon plain & entier
effeĉt, & leſdiĉts marchands iouir du fruiĉt d'iceluy; De l'aduis de noſtre Conſeil, qui a veu leſdiĉts
Ediĉts, lettres Patétes, conſentement de noſtrediĉt
Procureur general, auec voſtre refus, le tout cy attaché ſoubs le contre-ſeel de noſtre Chancellerie,
vous mandons, ordonnons & ceſte fois pour toutes, tref-expreſſement enioignons par ces preſentes, proceder purement & ſimplement à l'entiere
verification & entherinement deſdites lettres du
vingt-quatrieſme Iuin, & en ce faiſant eſtablir leſdits Eſtats & Offices de Iaulgeurs, & Viſiteurs
de vin, vaiſſeaux, & toutes autres liqueurs par
toutes les villes, bourgs, & parroiſſes de noſtre

Royaume, ceſſans tous troubles & ēmpeſchemés
au contraire, pour à iceux Officeseſtre cy apres
par nous pourueu, vacation aduenant, & non
par autres, faiſans par vous iouir les pourueuz
d'iceux plainement & paiſiblement, confor-
mément audict Edict & reſtabliſſement & declaration dudit vingtquatrieſme Iuin, que voulons &
entendons eſtre inuiolablement gardées & ob-
feruées de poinct en poinct, ſelon ſa forme & teneur: & à ceſte fin leuons & oſtons toutes reſtrin-
ctions, modifications & refus qu'y pourriez auoir
apportez, fans qu'ils puiſſent preiudicier auſdicts
marchands Pourueieurs, par ces preſentes que
voulons vous feruir de toutes iuſtion que pourriez eſperer de nous en cet endroict, fans qu'il
foit befoin recourir à nous, attendu que c'eſt pour
le bien & aduancement de noz affaires, acquit
& decharge de noz debtes, & le foulagement, &
bien du public, Car tel eſt noſtre plaiſir, nonobſtāt
tous Edicts, Ordonnances, Mandemens, Deffences, Reiglemens, Priuileges & lettres à ce contraires, auſquelles nous auons derogé & derogeons.
Donné à Paris le douzieſme iour du moys d'Aouſt
l'an, de grace mil cinq cens quatre vingts dixhuict.
Et de noſtre regne le dixieſme. Signé par le Roy
en fon Conſeil, D R E V X. Et feellé de cire iaulne
fur fimple queuë, du grand feel.

ENRY par la grace de Dieu Roy de France & de Nauarre à noz amez & feaux
Conſeillers les Gens tenans noſtre Cour
des Aydes à Paris, Salut. Nous vous auons enuoyé

noſtre declaration du vingt quatrieſme Iuin, mil
cinq cens quatre vingts dixhuict pour l'eſtabliſſement en quelques lieux de bons & ſuffiſans Commiſſaires, pour viſiter, iaulger & marquer les futailles des Vins, Cidres & bieres, & autres liqueurs
ſelon le reiglemêt que nous y aurions donné pour
le bien de noſtre peuple, & à la pourſuitte meſmes des Marchans en attendant que nous y euſ-
ſiôspourueu de perſonnes capables en tiltre d'Office, ſuiuant noſtre Edict du mois de Feurier, mil
cinq cens quatre vingts ſeize, l'execution duquel
a eſté iuſques icy retardée en aucuns endroits par
les monopoles de quelques marchans de Vins, qui
veulent faire leur proffit aux deſpés de noſtre peuple, & detriment de noſtre ſeruice. Et combiê que
pour retrancher leurs mauuais deſſeings, Nous
ayons trouué par l'aduis de noſtre Conſeil l'eſtabliſſement deſdits Commiſſaires treſneceſſaires,
ce neantmoings vous auriez faict difficulté d'entrer en la verification de noſtredicte declaration,
encores que par nos lettres de Iuſſion du douzieſ-
mé Aouſt, nous vous l'euſſions commandé, ne cô-
ſiderant pas que par telles difficultés & delais, que
vous apportez à l'execution de noſtredicte declaration, vous confirmez la malice & l'opiniaſtreté
de ceux qui ont iuſques icy empeché ceſte noſtre
intention, conforme à celle de nos predeceſſeurs
Roys. Et laquelle eſtant eſtablie & receuë és meil-
leures Villes de noſtre Royaume, qui en ont gou-
ſté le fruict, doit eſtre auſſi receue és autres lieux
que nous auons iugé par l'aduis de nos principaux
officiers à chacunes Prouinces:ioint que vous aiât
trouué bon leur action deſdits Offices, vous ne

pouuez auec subiect faire difficulté sur l'establissement desdits Commissaires qui fassent & exercét
ceste charge estans receuz & approuuez par les Iuges des lieux en attendant qu'il y aye esté par nous
pourueu, consideré l'exercice desdits offices &
tous autres soit par Commission ou en tiltre formé
dependant de nostre seule authorité & intention
que nous auons au bien qui en doit prouenir à nos
subiects. A ces causes voulons que nostredit Edict
& declaration sortent leur plain & entier effect
de l'aduis de nostre Conseil qui a veu ledit Edict &
declaration, Arrest de verification & ceux que
depuis vous auez donnez sur ladite declaration &
iussion. Vovs mandons, ordonnons &tres-expres-
sement enioignons par ces presentes que nous
voulons vous seruir de seconde & troisiesme iussion, & sans attendre de nous autres plus expres
commendement, que ayez incontinant à proceder à la verification de nostredicte declaration
purement & simplement, & sans aucune modifi-
cation. Car tel est nostre plaisir: nonobstant tous
Edicts, Ordonnances, Mandemens, deffences, &
lettres à ce contraires, aquoy nous auons derogé
& derogeons par ces presentes. Donné à Paris le
dixneufiesme iour d'octobre, l'à de grace, mil cinq
cens quatre vingts dixhuict, Et de nostre regne
le dixiesme, Signé par le Roy, le Tanneur. Et scellé
de cire iaulne sur simple queuë du Grand seel. Et
plus bas est escript: Registré en la Cour des Aydes,
ouy sur ce le Procureur General du Roy, pour estre
executé selon que le Roy le veut & mande, suiuant
& aux charges portees par l'Arrest de ladite Cour
du iourd'huy à Paris le vingtsept iesme iour d'O-

ætobre, mil cinq cens quatre-vingts dix-huict. Et plus bas est escrit. Extraict de la Cour des Aydes. Signé, BERNARD.

EXTRAICT DES REGISTRES
de la Cour des Aydes.

VEU par la Cour les lettres patentes du Roy, en forme de declaration donnees à Paris le vingt quatriesme iour de Iuin, mil cinq cents quatre vingts dix-huict, signees par le Roy en son Conseil, le Bossu, & seellees du grand seau de cire iaulne, obtenuës par Gilles du Buy, Iean Perou & consors, pouruoieurs ordinaires de la maison du Roy, par lesquelles sa Maiesté pour rembourser les impetrans assignez sur la finance qui prouiendroit de la vente des Offices de Iaulgeurs, Visiteurs de vaisseaux à mettre vin, & autres liqueurs, erigez en tiltre d'office, par l'Edict verifié en ladicte Cour au mois de Feurier, cinq cens quatre vingts seize, à cause des grandes sommes de deniers à eux deuës, pour les grandes fournitures par eux faictes, & pour autres causes & considerations y contenuës, mande, ordōne & tres-expressément enioint à ladicte Cour, que conformement audit Edict, elle aye à faire establir par toutes & chacunes les Villes, Bourgs, parroisses & lieux necessaires, lesdits Offices de Iaulgeurs & visiteurs desdits vins, breuuages & liqueurs & vaisseaux susdits, ensemble faire iouyr plainement ceux qui en seront pourueus par sadicte Maiesté, en vertu de leurs lettres de prouision, sans permettre ne souffrir y estre troublez ny empeschez en aucune sorte & maniere, nonobstant les empeschemens, oppositions & droicts pretendus par les Euesques, communautez des villes, marchands Tonnelliers & tous autres indifferemment, & sans qu'ils puissont preiudicier à l'establissement desdits Offices creez par ledict Edict, & où il se trouueroit presentement personnes pour se

faire

faire pouruoir en tiltre defdits Offices, fadite Maiefté veut & entend qu'ils foient par ladicte Cour, eftablis bons & fuffifans Commiffaires pour exercer lefdits Offices efdictes villes, bourgs, paroif-
fes, & lieux neceffaires, iouyr & vfer d'iceux à l'inftar des Fermiers des huict & vingtiefme, ledit Edict de la declaration des
Offices des Iaulgeurs, & mefureurs de vins & autres breuuages,
és lieux & endroicts où il fera trouué neceffaire, verifié en ladite
Cour, le neufiefme iour d'Auril, l'an mil cinq cents quatre vingts
feize, l'arreft donné au Confeil priué du Roy, le vingt quatriefme
iour de Ianuier mil cinq cents quatre vingts dix-huict, par lequel
fa Maiefté auroit renuoyé lefdictes parties, auec tous leurs differends, dependances de tout ce que deffus en ladicte Cour: Arreft
de ladicte Cour du dix-feptiefme Iuin dernier, par lequel auroit e-
fté ordonné que lefdits Iaulgeurs de vins & vaiffeaux, conformement audict Edict & Arreft de verification d'iceluy, iouiront des
priuileges & exemptions à eux attribuez par ledit Edict. Reque-
ftes prefentees par lefdits impetrans à fin d'enterinement & verification defdictes lettres. Autre Arreft de ladicte Cour du tren-
tiefme Iuillet dernier, contenant le refuz fait par icelle, de proceder à la verification defdictes lettres: autres lettres patentes du
Roy, en forme de iuffion, donnees à Paris le douziefme iour d'Aouft
dernier, fignees par le Roy en fon Confeil Dreux, & feellees, par
lefquelles eft mandé à ladicte Cour, de proceder purement & fim-
plement à l'entiere veriffication & entherinement defdites lettres patentes, du 24. Iuin. Autre Arreft de ladicte Cour, par
lequel elle auroit de rechef dit & declaré, ne pouuoir entrer à la
verification defdites lettres. Autres lettres de iuffion, donnees à
Paris le 19. iour d'Octobre, 1598. Par lefquelles de rechef trefex-
preffément enioinct à ladicte Cour pour derniere & finalle iuffion,
de proceder à l'entherinement & verification defdites lettres de
declaration. Conclufions du Procureur General du Roy. Et tout
confideré. Ladite Cour a ordonné & ordonne que lefdites lettres
feroient regiftrees au Greffe de ladicte Cour pour eftre executees fe-

E

lon que le Roy le veult & entend, à la charge que les Commiſſaires qui ſeront nommeƷ, ſuyuant leſdites lettres de declaration, ſeront le ſerment pardeuant les Eſleus, en tel cas requis, informa-
tion prealablement faicte de leur vie & mœurs, & que leur
Commiſſion ceſſera, & demourera eſteinte & ſupprimee aduenãt
qu'il y ſoit pourueu en tiltre d'Office formé ſuyuant l'Edict du mois
de Feburier, 1596. Prononcé à Paris en ladicte Cour des Aydes
le 27. iour d'Octobre, 1598.

Signé,   BERNARD.

COllation de la preſente Coppie à eſté faicte
en leurs originaux eſcripts en parchemin, par
les Notaires du Roy noſtre Sire en ſon Chaſtellet
de Paris, ſoubz ſignez: ce fait rendus l'an mil cinq
cens quatre vingts dixhuict, le trentieſme & dernier iour de Nouembre.

MVRET.

CVVILLIER

Collationné en l'Original par moy Conſeiller Notaire, & Secretai-
re du Roy, & de ſes finances.